Für Gabby Schiavi

JUNGFRAU

Im Einklang mit den Sternen leben

STELLA ANDROMEDA

ILLUSTRIERT VON EVI O. STUDIO

GROH

Einleitung 7

I.
Alles über die Jungfrau

II.
Die Welt der Jungfrau

III.
Mehr Astrowissen

Einleitung

Der Giebel des antiken griechischen Apollontempels in Delphi trägt die Inschrift: „Erkenne dich selbst." Sie ist eine der 147 delphischen Maximen, nach denen man leben sollte. Von Gott Apollon selbst soll diese Aufforderung zur Selbsterkenntnis stammen, und später ergänzte sie der Philosoph Sokrates um den Satz: „Ein unerforschtes Leben ist nicht lebenswert."

Der Mensch versucht auf vielfältige Weise, sich selbst kennenzulernen und sein Leben oder die Herausforderungen seines Daseins zu meistern, oft mithilfe von Therapien oder organisierten Glaubenssystemen wie Religionen. Wir wollen auf diesem Weg vor allem die Beziehung zu uns selbst und zu anderen besser verstehen lernen und Mittel finden, die uns das ermöglichen.

Die Astrologie bietet durch ihre symbolische Verwendung der Himmelskonstellationen, also der Darstellung der Tierkreiszeichen, der Planeten und ihrer energetischen Auswirkungen einige Ansätze für das Verstehen der menschlichen Natur und der Erfahrung. Viele Menschen empfinden dieses Wissen und das Potenzial, das darin steckt, als hilfreich, um Denkanstöße für eine erfülltere Lebensweise zu gewinnen.

Was ist Astrologie?

Einfach ausgedrückt, ist Astrologie das Studium und die Deutung des Einflusses, den die Planeten aufgrund ihrer Positionen im Raum zu einem bestimmten Zeitpunkt auf uns Menschen und unsere Welt nehmen können. Die angewandte Astrologie beruht auf einer Kombination aus dem faktischen Wissen über die Besonderheiten dieser Positionen und ihrer psychologischen Interpretation.

Astrologie ist weniger ein Glaubenssystem als eine praktische Lebenshilfe, die uns alte, überlieferte Weisheiten an die Hand gibt. Jeder Mensch kann lernen, die Astrologie für sich zu nutzen – nicht so sehr zum Wahrsagen oder um die Zukunft zu deuten, sondern als Wegweiser zu größerer Einsicht und einer achtsameren Herangehensweise an das Leben. Der richtige Zeitpunkt ist das A und O in der Astrologie. Die Kenntnis der Planetenkonstellationen und ihrer Beziehung zu bestimmten Zeiten zueinander kann uns bei der Wahl des richtigen Moments für manche Lebensentscheidungen helfen.

Zu wissen, wann größere Veränderungen im Leben anstehen können – aufgrund von Planetenkonstellationen wie einem rückläufigen Saturn (siehe S. 103) oder rückläufigen Merkur (siehe S. 104) – oder was eine Venus im siebten Haus bedeutet (siehe S. 85 und 98) und wie das im Licht der spezifischen Eigenschaften des eigenen Sternzeichens zu berücksichtigen ist: Dies alles sind Werkzeuge, die du zu deinem Vorteil nutzen kannst. Wissen ist Macht und die Astrologie kann ihren Teil dazu beitragen, die Höhen und Tiefen des Lebens, aber auch unsere Beziehungen gut zu meistern.

Die zwölf Sternzeichen

Jedes Stern- oder Tierkreiszeichen hat typische Eigenschaften, die den Menschen gemeinsam sind, die in diesem Zeichen geboren wurden. Dieses Zeichen ist dein Sonnenzeichen, das du wahrscheinlich schon kennst – und der übliche Ausgangspunkt, von dem aus wir unseren astrologischen Weg erkunden. Die Eigenschaften des Sonnenzeichens können sich individuell sehr stark zeigen, doch stellen sie nur einen Teil des Ganzen dar.

Wie wir auf andere wirken, wird meist von weiteren Faktoren beeinflusst, die man ebenfalls berücksichtigen sollte. So sind das Zeichen deines Aszendenten und deine Mondstellung genauso wichtig wie dein Sonnenzeichen. Du kannst dir auch dein Gegenzeichen ansehen, um herauszufinden, was deinem Sonnenzeichen vielleicht dazu verhelfen könnte, mehr Balance zu erreichen.

Im ersten Teil dieses Buchs lernst du dein Sonnenzeichen kennen. Im zweiten Abschnitt bist du dazu eingeladen, noch tiefer einzutauchen (siehe S. 74–105) und die Einzelheiten deines Geburtshoroskops zu erforschen. Damit wirst du einen viel größeren Einblick in die zahlreichen astrologischen Einflüsse gewinnen, die sich in deinem Leben zeigen können.

Die Sonnenzeichen

Die Erde braucht 365 Tage (exakt sind es 365,25), um die Sonne zu umrunden. Dabei scheint die Sonne einen Monat lang durch jedes Tierkreiszeichen zu wandern. Dein Sonnenzeichen ist somit das Tierkreiszeichen, in dem die Sonne zum Zeitpunkt deiner Geburt stand. Wenn du dein Sonnenzeichen und die deiner Familie, Freund*innen und Partner*innen kennst, ermöglicht dir das einen guten Einblick in die Charakter- und Persönlichkeitsmerkmale, die du mithilfe der Astrologie entdecken kannst.

Im Übergang geboren

Für Menschen, die gegen Ende des einen oder zu Beginn des nächsten Sonnenzeichens geboren sind, lohnt es sich, ihre genaue Geburtszeit herauszufinden. Astrologisch gesehen gibt es eigentlich keinen Übergang zwischen den Zeichen, denn jedes davon beginnt zu einem festen Zeitpunkt an einem bestimmten Datum, auch wenn dieser von Jahr zu Jahr etwas variieren kann. Wenn du unsicher bist, was dein Sonnenzeichen ist, kannst du es über dein Geburtsdatum, deine Geburtszeit und deinen Geburtsort genau bestimmen. Mit diesen Daten kannst du einen Astrologen aufsuchen oder du lässt sie durch ein Online-Astrologieprogramm laufen (siehe S. 108), um ein möglichst genaues Geburtshoroskop zu erstellen.

Stier

Lat.: Taurus

21. APRIL–20. MAI

Fixes Erdzeichen. Geerdet, sinnlich und den körperlichen Freuden zugewandt, ist der Stier von seinem Herrscherplaneten Venus mit Anmut und einem Sinn fürs Schöne ausgestattet – trotz seiner bulligen Darstellung. Charakteristisch ist seine unbeschwerte, unkomplizierte, wenn auch manchmal sture Lebenseinstellung. Gegenzeichen: das Wasserzeichen Skorpion.

Widder

Lat.: Aries

21. MÄRZ–20. APRIL

Astrologisch das erste Sternbild des Tierkreises, erscheint der Widder zur Frühjahrs-Tagundnachtgleiche. Kardinales Feuerzeichen; das Zeichen für Anfänge. Herrscherplanet ist Mars, der dafür steht, Herausforderungen dynamisch, energievoll und kreativ zu begegnen. Gegenzeichen: die luftige Waage.

Zwillinge

Lat.: Gemini

★

21. MAI–21. JUNI

Veränderliches Luftzeichen. Zwillinge neigen dazu, beide Seiten eines Problems zu sehen, wobei der Herrscherplanet Merkur ihren schnellen Verstand beeinflusst. Zwillinge scheuen sich häufig vor Verpflichtungen und versinnbildlichen auch eine jugendliche Haltung. Gegenzeichen: der feurige Schütze.

Krebs

Lat.: Cancer

★

22. JUNI–22. JULI

Kardinales Wasserzeichen, dargestellt mit starken Scheren. Der Krebs gilt als gefühlsbetont und intuitiv, er schützt seine Empfindlichkeit mit seiner Schale. Sie verkörpert auch die Sicherheit des Krebs-Zuhauses, dem dieses Zeichen verpflichtet ist. Herrscherplanet ist der mütterliche Mond. Gegenzeichen: das Erdzeichen Steinbock.

Löwe

Lat.: Leo

23. JULI–23. AUGUST

Fixes Sonnenzeichen. Der Löwe liebt es zu glänzen. Er ist im Herzen ein Idealist, positiv und über die Maßen großzügig. Löwen-Geborene können vor Stolz brüllen und so zuversichtlich wie kompromisslos sein, mit großem Glauben und Vertrauen in die Menschheit. Herrscherplanet ist die Sonne. Gegenzeichen: der luftige Wassermann.

Jungfrau

Lat.: Virgo

24. AUGUST–23. SEPTEMBER

Veränderliches Erdzeichen. Die Jungfrau gilt als aufmerksam, detailorientiert und häufig selbstgenügsam. Die Jungfrau schöpft aus einem scharfen, nicht selten selbstkritischen Intellekt und ist oft sehr gesundheitsbewusst. Herrscherplanet ist Merkur. Gegenzeichen: das Wasserzeichen Fische.

Skorpion

Lat.: Scorpio

24. OKTOBER–22. NOVEMBER

Fixes Wasserzeichen. Entsprechend
neigt der Skorpion zu intensiven Gefühlen. Sein Tierkreiszeichen verbin-
det ihn mit der Wiedergeburt nach
dem Tod. Herrscherplaneten sind
Pluto und Mars. Wegen seiner starken
Spiritualität und tiefen Emotionen
braucht der Skorpion Sicherheit,
um seine Kraft leben zu können.
Gegenzeichen: das Erdzeichen Stier.

Waage

Lat.: Libra

24. SEPTEMBER–23. OKTOBER

Kardinales Luftzeichen mit
Herrscherplanet Venus. Hier
dreht sich alles um Schönheit,
Gleichgewicht (dargestellt durch
die Waage) und Harmonie in einer
eher romantischen, idealen Welt.
Mit ihrem Sinn für Ästhetik können
Waagen sowohl künstlerisch als
auch handwerklich sein. Sie schätzen außerdem Fairness und sind oft
sehr diplomatisch. Gegenzeichen:
der feurige Widder.

Schütze

Lat.: Sagittarius

✴

23. NOVEMBER–21. DEZEMBER

Veränderliches Feuerzeichen, bei dem sich geistig wie körperlich alles um Reisen und Abenteuer dreht. Schützen haben eine direkte Herangehensweise, sind optimistisch und stecken voller Ideen. Sie lieben es, freien Lauf zu haben, neigen aber zu Verallgemeinerungen. Herrscherplanet ist der gutwillige Jupiter. Gegenzeichen: die luftigen Zwillinge.

Steinbock

Lat.: Capricornus

✴

22. DEZEMBER–20. JANUAR

Kardinales Erdzeichen mit Herrscherplanet Saturn. Der Steinbock gilt als harter Arbeiter und wird von der trittsicheren wie verspielten Ziegenart dargestellt. Er ist vertrauenswürdig und scheut sich nicht vor Verantwortung. Oft sind Steinböcke sehr genügsam und haben die Disziplin für selbstständige Berufe. Gegenzeichen: das Wasserzeichen Krebs.

Fische

Lat.: Pisces

20. FEBRUAR–20. MÄRZ

Veränderliches Wasserzeichen, das stark auf seine Umgebung reagiert. Dargestellt durch zwei Fische, die, in entgegengesetzte Richtungen schwimmend, manchmal Fantasie und Realität verwechseln. Von Neptun beherrscht, ist die Welt der Fische fließend, fantasievoll und empathisch. Fische nehmen oft die Stimmungen anderer auf. Gegenzeichen: das Erdzeichen Jungfrau.

Wassermann

Lat.: Aquarius

21. JANUAR–19. FEBRUAR

Trotz seiner Darstellung als Wassermann ein fixes Luftzeichen. Es wird beherrscht vom unberechenbaren Uranus, der alte Ideen mit innovativem Denken vom Tisch kehrt. Der Wassermann ist tolerant und weltoffen. Ganz auf Menschlichkeit bedacht, hat er soziale, gewissensgeleitete Ideale. Gegenzeichen: der feurige Löwe.

Alles über die

I.

Jungfrau

Das Zeichen, in dem die Sonne
zum Zeitpunkt deiner Geburt
stand, ist der ultimative
Ausgangspunkt, um deinen
Charakter und deine Persönlichkeit durch den Tierkreis
zu erforschen.

Ein veränderliches Erdzeichen, symbolisiert durch die Jungfrau mit Ähre.

Herrscher ist der Planet Merkur: in der Mythologie der Bote der Götter, Symbol für Reisen und Kommunikation.

GEGENZEICHEN

Fische

LEBENSMOTTO

„Ich analysiere."

Glücksfarbe

Ob großflächig oder als feine Nadelstreifen: Blau
und Orange sind die Farben der Jungfrau. Trage sie
und besinne dich deiner Energien, wenn du mal
durchhängen solltest oder seelische Aufmunterung
brauchst. Wenn du nicht in kräftigen Farben auffallen
willst, kannst du Accessoires in dunkleren oder
helleren Tönen wählen – Schuhe, Handschuhe,
Socken, Hüte oder sogar Unterwäsche.

II.

Glückstag

Mittwoch: Die Mitte der Arbeitswoche war früher mit der altgermanischen Gottheit Wodan oder Odin verbunden – „Wodanstag" *(Wōdnesdæg)*, was im englischen *Wednesday* noch erkennbar ist. Die Entsprechung in der römischen Götterwelt ist der luftige Merkur, der Herrscher über die Tierkreiszeichen Jungfrau und Zwillinge. Er wird für uns im französischen *mercredi* oder im italienischen *mercoledì* für Mittwoch deutlicher.

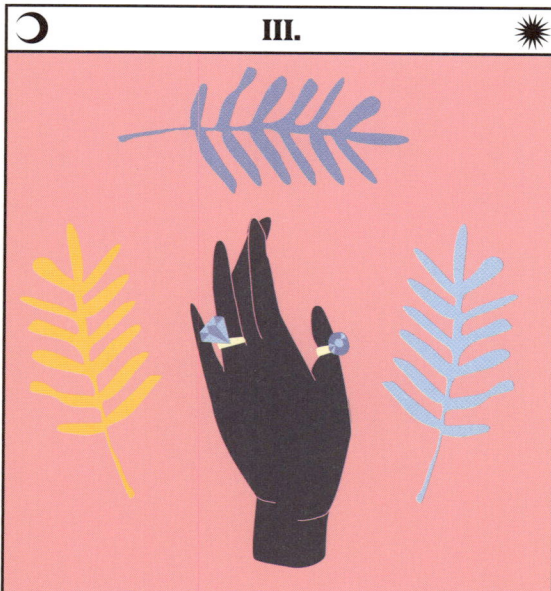

Glücksedelstein

Der blaue Saphir passt perfekt zur Jungfrau, weil er
das Gemüt beruhigt und ihm nachgesagt wird, dass
er seine*n Träger*in besonders auf Reisen beschützt.
Eines der berühmtesten Beispiele ist der blaue Ceylon-
Saphir von Prinzessin Dianas Verlobungsring, den
mittlerweile Kate Middleton trägt.

Orte

Tiefblaues Meer und fruchtbare Böden kennzeichnen
die Westindischen Inseln, Kreta und weitere idyllische
Winkel der türkischen und griechischen Ägäis – typische
Wohlfühlorte für die Jungfrau. Zu den Städten, die mit
diesem Sonnenzeichen harmonieren, zählen Paris, das
idyllische Maidstone, Boston, Jerusalem und Brindisi.

V.

Ferien

Viele Jungfrauen lieben Aktivurlaub wie Skifahren in den französischen Alpen, Wanderungen entlang der Wasserfälle im Yosemite-Nationalpark oder Yogakurse in Griechenland. Dabei kannst du in deinen Körper hineinhorchen und zugleich deinem stets wachen Geist Entspannung gönnen.

Blumen

Stiefmütterchen, im Französischen *pensée* (dt. „Gedanke"), gelten als Symbol der Erinnerung und lindern den Schmerz bei Liebeskummer. Die dunkelblauen oder violetten Sorten entsprechen zudem einer der Glücksfarben der Jungfrau.

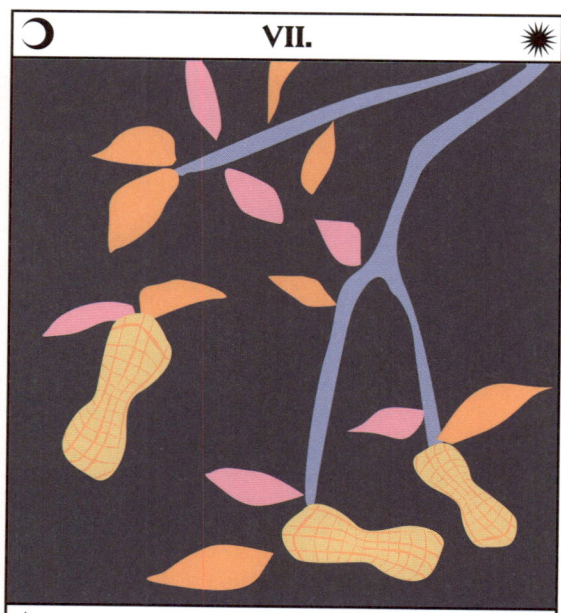

VII.

Bäume

Haselnusssträucher, Walnuss-, Mandel- und andere
nusstragende Bäume wie die mächtige Eiche mit ihren
Eicheln passen zur Jungfrau. Diese Baumsorten schöpfen
aus ihren tiefen Wurzeln im Boden eine immense Kraft
für ihre früchtereiche Entwicklung: eine Fähigkeit,
die sie mit dem Erdzeichen Jungfrau teilen.

Haustiere

Jungfrauen schätzen Alltagsroutinen. Dazu gehört auch, mit einem vorzugsweise eher kleinen Hund, einer wahrscheinlich kurzhaarigen Rasse, Gassi zu gehen und die Hundeschule zu besuchen. Man kann sicher sein, dass eine Jungfrau ihrem Hündchen nicht nur viel Aufmerksamkeit widmet, sondern es auch perfekt erzieht.

Feste

Jungfrauen lieben es, eine Party zu schmeißen! Und da sie detailversessen sind, muss dabei alles perfekt aufeinander abgestimmt sein – die Gäste, das Menü und die Dekoration, bis hin zur kalligrafisch gestalteten Tischkarte. Nur in einem solchen Ambiente kann die Jungfrau ihren Drink richtig genießen: vielleicht einen Tomate-Thymian-Cocktail oder ein frisch gezapftes Craftbier, gebraut aus dem Hopfen der Jungfrau mit der Ähre.

Die Eigenschaften der Jungfrau

Viele Widersprüche im Wesen der Jungfrau gehen darauf zurück, dass dieses Sonnenzeichen mit Mutter Erde und ihrer Fruchtbarkeit verknüpft ist. Deshalb wird es traditionell als weibliche Gestalt dargestellt, die sowohl als Jungfrau als auch junge Frau mit Kornähre interpretierbar ist. Das Leben der in diesem Zeichen Geborenen ist nicht selten durch Überfluss gekennzeichnet, mit dem jedoch zumeist gut hausgehalten wird. Die Jungfrau legt gern vorausschauend Reserven an, auf die sie im Notfall zurückgreifen kann. Was auch immer du einmal brauchst – ob ein Stück Schnur oder ein paar frische Socken: Eine Jungfrau wird dich nicht enttäuschen.

Zudem sind Jungfrauen perfektionistisch. Sie analysieren zunächst alles und legen dann gut durchdachte Listen an, damit sie ihre Vorhaben planmäßig in die Tat umsetzen können. Da ihnen in der Regel keine Fehler unterlaufen, machen sie sich am Arbeitsplatz unentbehrlich. Allerdings birgt dieser Wesenszug auch die Gefahr, als verlässliche Kraft in der zweiten Reihe zu enden, nicht aber an oberster Stelle Anerkennung zu finden – was eigentlich bedauerlich ist, denn eine Jungfrau hat sehr wohl das Zeug dazu, auch die erste Geige zu spielen.

Jungfrauen gelten manchmal als langweilig, dabei können sie sehr lustig sein, sobald das Eis erst einmal gebrochen ist. Und Erdzeichen haben zudem eine sinnliche Seite. Sie fühlen sich wohl in ihrer Haut und agieren – dank des Einflusses und der Fähigkeiten von Merkur – geistig wie körperlich und auch in der Kommunikation gleichermaßen geschickt.

Die Jungfrau ist zugleich pragmatisch und wählerisch, gewissenhaft und warmherzig. In ihrem Wesen vereint sie viele Widersprüche, die zu inneren Konflikten und Stress führen können, weil es für sie undenkbar ist, jemanden im Stich zu lassen. Was auf den ersten Blick paradox anmutet: Auf dem Schreibtisch oder in der Tasche einer Jungfrau mag durchaus einmal Unordnung herrschen, aber nur als Folge der ihr eigenen Kreativität. Außerdem weiß eine Jungfrau immer, wo sie alles wiederfindet, da in ihrem Kopf Ordnung herrscht.

Wenn eine Jungfrau Kritik übt, dann meistens sachlich und konstruktiv, ohne andere persönlich anzugreifen. Bei selbstkritischen Betrachtungen zeigt sie dagegen wenig Nachsicht. Spontaneität zählt nicht zu den größten Stärken der Jungfrau: Sie lässt Dinge lieber unerledigt, als halbe Sachen zu machen. Vor der Gefahr, dass dieses Verlangen nach Perfektionismus in Besessenheit ausartet, wird die Jungfrau zumeist durch ein gesundes Maß an Realitätssinn bewahrt.

DIE ERDE LOCKERN

Die charakteristischen Eigenschaften jedes Sonnenzeichens lassen sich durch die Qualitäten anderer Zeichen im gleichen Geburtshoroskop ausgleichen (oder manchmal verstärken), insbesondere durch die seines Aszendenten und des Mondes. Wenn also jemand seinem Sonnenzeichen nicht zu entsprechen scheint, ist das der Grund. Allerdings werden die ursprünglichen Jungfrau-Aspekte immer als wichtiger Einfluss vorhanden sein und die Lebenseinstellung von Jungfrau-Geborenen beeinflussen.

Körper und Gesundheit

Die perfekt organisierte Jungfrau wird man selten mit einem schmutzigen Kragen oder einem fehlenden Jackenknopf erwischen. Sie kleidet sich immer perfekt passend: sei es für einen Rave oder ein Vorstellungsgespräch. Denn die Jungfrau weiß, wie man sich – egal unter welchen Umständen – präsentiert, und ihre Intelligenz sagt ihr, dass der erste Eindruck zählt. Ebenso geschickt setzt sie ihre Körpersprache ein: für ein Erdzeichen, das vom Planeten der Kommunikation beherrscht wird, eine grundlegende Fähigkeit. Daher weiß eine Jungfrau einen direkten Blickkontakt, einen festen Händedruck und ein offenes Lächeln zu schätzen – und selber authentisch einzusetzen.

Gesundheit

Dem Zeichen der Jungfrau werden sowohl das Nerven- als auch das Verdauungssystem zugeordnet. Da beide mit dem Darm verbunden sind, zeigen sich vor allem dort physische Stressreaktionen. Was sich bei einem Menschen nur als Neigung zu Blähungen erweist, kann sich bei einem anderen als Reizdarm äußern. Doch das Interesse am eigenen Körper und der eigenen Gesundheit sorgt dafür, dass die Jungfrau verantwortungsbewusst auf sich achtgibt. Deshalb zeigt sie sich beim Essen zuweilen etwas pingelig, aber nur, weil sie genau weiß, was ihr bekommt und was nicht.

Sport und Bewegung

Wie fast alles, was die Jungfrau tut, betreibt sie auch ihre sportlichen Betätigungen routiniert und diszipliniert. Sie weiß, dass körperliche Fitness dazu beiträgt, psychischen Stress abzubauen, der häufig der Grund für Darmprobleme ist. Deshalb beginnen viele Jungfrauen ihren Tag mit einer 15-minütigen Dehnübung oder Aerobic-Session oder sie joggen zur Arbeit.

So kommuniziert die Jungfrau

Die Jungfrau liebt nichts mehr als gute und tiefgründige Gespräche. Allerdings übertreibt sie es manchmal damit, alles bis ins kleinste Detail analysieren zu wollen. Und sie neigt dazu, durch das Stellen von Fragen geschickt die Aufmerksamkeit von sich selbst abzulenken. So gibt man häufig viel über sich und die eigenen Probleme preis, ohne im Gegenzug etwas über die Jungfrau zu erfahren, mit der man sich unterhält – selbst dann, wenn man eng miteinander befreundet ist. Diese für die Jungfrau typische Zurückhaltung versteht nicht jeder sofort. Bei weniger sensiblen Gesprächspartner*innen können sich Jungfrauen daher leicht missachtet und sogar überflüssig fühlen. Um diesem Missverständnis vorzubeugen und um des eigenen Selbstwertgefühls willen, müssen Jungfrauen daher lernen, mehr Offenheit zu zeigen, und sich daran erinnern, dass ein Gespräch keine Einbahnstraße sein sollte.

Berufe für die Jungfrau

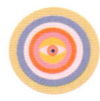

Die Jungfrau findet ihre berufliche Erfüllung nicht selten im Gesundheitswesen. Im Arztberuf oder als Krankenpfleger*in kann sie ihr Interesse an allem Körperlichen mit ihrer Neigung, eine professionelle Distanz zu anderen Menschen zu wahren, in Einklang bringen. Dasselbe trifft auch auf Tätigkeiten in der Pharmazie und Ernährungsberatung oder in der Physio- und Aromatherapie zu. Doch nicht nur die Physis, sondern auch das mentale Wesen des Menschen fasziniert viele Jungfrauen, die deshalb gern Psychologie oder Psychoanalyse als Berufsfeld wählen.

Aufgrund ihres analytischen Denkens und ihrer Begabung, mit Zahlen umzugehen, machen viele Jungfrauen auch als Marketing-Analyst*in oder als Statistiker*in Karriere. Zudem sind sie mit ihrem scharfen Blick fürs Detail und ihrem überdurchschnittlich feinen Sprachgefühl sowie ihrem guten Gedächtnis und ihrer Intelligenz ideal geeignet für den Beruf als Autor*in oder Verleger*in. Wegen derselben Fähigkeiten in Kombination mit ihrem analytischen Verstand und ihrem ausgeprägten Sinn für Objektivität ist die Jungfrau auch als Buch- oder Filmkritiker*in erfolgreich.

So tickt
die Jungfrau

Auch bei der Pflege ihrer Freundschaften und Beziehungen ist die Jungfrau äußerst gewissenhaft. Wer vergisst nie deinen Geburtstag? Eine Jungfrau. Die Glückwunschkarte trifft immer pünktlich ein, das Geschenk ist überlegt gewählt und sorgfältig verpackt. Jungfrauen sind höchst aufmerksam und zugleich praktisch veranlagt. In ihrem Bemühen, Ordnung in jedes Chaos zu bringen, vergessen sie nur selten jemanden. Die symbolische Darstellung als keusche Jungfrau verbirgt die ihnen angeborene Sinnlichkeit des Erdzeichens. Deshalb geht die Jungfrau mit ihren Gefühlen und denen anderer sehr vorsichtig um, gibt sich zurückhaltend und wird oft als kühl und abweisend verkannt. Damit sie sich aus der Deckung wagt, muss eine Jungfrau sowohl intellektuell als auch emotional herausgefordert werden.

Die Jungfrau-Frau

Flirten zählt so gar nicht zu ihren Stärken. Stattdessen wirkt ihre direkte Art bei einem ersten Date nicht selten irritierend. Doch da es sich um ein veränderliches Zeichen handelt, kann sie sich durchaus Freund*innen oder Partner*innen anpassen, wenn sie erst einmal Vertrauen gefasst hat. Hinter ihrem zuweilen kühl und rätselhaft wirkenden Verhalten verbirgt sich ein Herz aus Gold.

BERÜHMTE JUNGFRAU-FRAUEN

Ob die rätselhafte, unnahbar schöne Greta Garbo oder Mutter Teresa, die Schauspielerinnen Lauren Bacall, Jennifer Hudson und Selma Hayek oder Elisabeth I., die als „jungfräuliche Königin" in die Geschichte einging: Sie alle teilen die typischen Eigenschaften der Jungfrau – Intelligenz, Hingabe und die Neigung, Gefühle zu verbergen. Hinter der kühlen Fassade schlummert jedoch tiefe Leidenschaft.

Der Jungfrau-Mann

Der erste Eindruck ist der eines schweigsamen, aber entschlossenen Mannes, der zuerst die Lage einschätzt, bevor er sich seinem Gegenüber zuwendet. Ist sein Interesse geweckt, zeigt er seine Zuneigung auf praktische Weise – zum Beispiel indem er für dich ein Bücherregal aufbaut. Da er sein Herz nicht auf der Zunge trägt, ist es nicht immer leicht, seine wahren Gefühle zu erkennen.

BERÜHMTE
JUNGFRAU-MÄNNER

Bruce Springsteen, Keanu Reeves, Idris Elba und Hugh Grant sind mit ihrem geradlinigen Auftreten typische Jungfrauen, deren vielfältige Interessen über ihre künstlerische Tätigkeit hinausreichen. Weitere bekannte Jungfrauen: Prinz Harry, der Weltklasse-Basketballer Kobe Bryant sowie die US-Politiker Bernie Sanders und der 2018 verstorbene John McCain.

Wer lieb

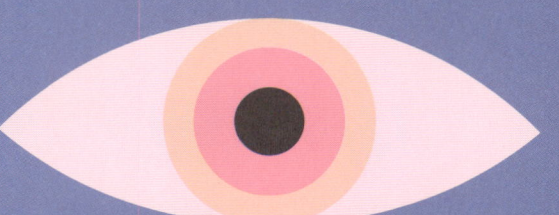

t wen?

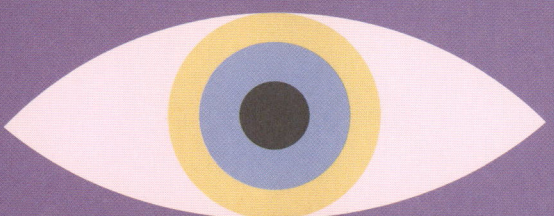

Jungfrau & Widder

Zwischen der besonnenen Jungfrau und dem impulsiven Widder können sich leicht Spannungen aufbauen, die selbst bei vielen gemeinsamen Interessen und großer Zuneigung oft zu Streitigkeiten führen.

Jungfrau & Stier

Was die beiden Erdzeichen harmonisch vereint, ist ihr Sinn fürs Praktische und ihre sinnliche Seite. Auf dieser gemeinsamen Basis schaffen sie sich eine sichere Zukunft in einem gemütlichen Zuhause, in dem sie glücklich zusammenleben.

Jungfrau & Zwillinge

Sie empfinden sogleich Sympathie füreinander, da beide das Leben vor allem als intellektuelle Herausforderung sehen. Doch die geerdete Natur der Jungfrau misstraut der Unbekümmertheit der Zwillinge. Eine Beziehung gestaltet sich daher nicht selten schwierig und anstrengend.

Jungfrau & Krebs

Eine glückliche Kombination, denn beide kennen die verborgene Sinnlichkeit des anderen und sehnen sich nach häuslicher Harmonie. Der Schutzinstinkt der Jungfrau verstärkt noch die Zuneigung des Krebses, der wiederum der Jungfrau ein Gefühl von Geborgenheit gibt.

Jungfrau & Löwe

Der draufgängerische Löwe überfordert nicht selten die zurückhaltende Jungfrau, sei es im Schlafzimmer oder im Hinblick auf die gemeinsame Haushaltskasse. Und auf Versuche, ihn an die Leine zu legen, reagiert der Löwe knurrig.

Jungfrau & Jungfrau

So viele Gemeinsamkeiten mit dem anderen zu teilen, wird oft als Erleichterung empfunden. Und das gemeinsame Schlafzimmer werden beide allem voran für Gespräche nutzen. Der vielleicht einzige Haken bei so viel Harmonie: Rangeleien darüber, wer das letzte Wort hat.

Jungfrau & Skorpion

Auch wenn beide die geistigen Fähigkeiten des anderen bewundern, fällt es der rational denkenden Jungfrau schwer, die ungezügelte Kreativität des Skorpions zu akzeptieren. Dennoch können solche Konflikte durch gegenseitiges Verständnis überwunden werden.

Jungfrau & Waage

Die Zurückhaltung der Jungfrau irritiert die Waage und wird von ihr oft zu Unrecht als Zurückweisung gedeutet, während die Jungfrau den Hang der Waage zu schönen Dingen ebenso oft als frivol empfindet. Eine solche Beziehung erfordert viel Einfühlungsvermögen.

Jungfrau & Schütze

Die unbekümmerte Abenteuer- und Reiselust des Schützen kann die hart arbeitende und verwurzelte Jungfrau nur schwer nachvollziehen. So führen die unterschiedlichen Temperamente trotz ähnlicher geistiger Gaben häufig zu grundsätzlichen Konflikten.

Jungfrau & Wassermann

Trotz ähnlicher Denkweisen kann die Unnahbarkeit der beiden in einer allzu blutlosen Beziehung münden. Zudem passt der Sinn fürs Praktische der Jungfrau nicht zu den abgehobenen Lebensvorstellungen des Wassermanns. Hier sind Probleme vorprogrammiert.

Jungfrau & Fische

Die Gegensätze zwischen den beiden scheinen unüberwindlich: auf der einen Seite der Realitätssinn der zielorientiert handelnden Jungfrau, auf der anderen das verträumte und alles immer wieder infrage stellende Zaudern des Fisches.

Jungfrau & Steinbock

Gewissenhaftigkeit bildet den gemeinsamen Nenner der beiden Erdzeichen. Sie schätzen die verantwortungsbewusste Einstellung des anderen zum Leben und zur Liebe. Und intuitiv geben sich beide, was sie vom anderen erwarten: Anerkennung und Rückhalt.

Love-o-meter für die Jungfrau

Am wenigsten kompatibel:

Schütze   Widder   Fische   Löwe   Wassermannn   Waage

Perfekter Treffer:

_willinge   Skorpion   Steinbock   Krebs   Stier   Jungfrau

Die Welt der II.

Jungfrau

Dieser Abschnitt führt dich
tiefer in die Welt deines Sonnenzeichens. Du erfährst, wie
es dich antreiben oder zurück-
halten kann, und du kannst
anfangen, darüber nachzu-
denken, wie du dieses Wissen
für dich nutzen möchtest.

So wohnt
die
Jungfrau

Die Wohnung der Jungfrau ist geschmackvoll und gemütlich eingerichtet. Die komfortablen Möbel und die eher dezente Dekoration weisen darauf hin, dass sie Freude daran hat, ihr Heim mit den eigenen Händen zu verschönern. Sie streicht die Wände gern selbst, bringt Gardinen an oder stellt Bücherregale auf. Dabei zeigt sie nicht selten künstlerisches Talent, indem sie wunderbare Möbel schreinert, handbemalte Fliesen oder eigene Gemälde fertigt. Für die Jungfrau geht die ästhetische Schönheit eines Objekts stets mit seiner Funktionalität einher und es muss sich perfekt in die Umgebung einfügen. Deshalb bevorzugt sie häufig ein klares und modernes Einrichtungskonzept mit harmonisch aufeinander abgestimmten Materialien und Farben.

Viele Jungfrauen lieben es, im Garten zu arbeiten, den sie als Erweiterung ihres Wohnraums ansehen und genauso sorgfältig gestalten wie die einzelnen Zimmer. Sie pflanzen gern Heilkräuter an – und sei es in Blumentöpfen auf der Fensterbank.

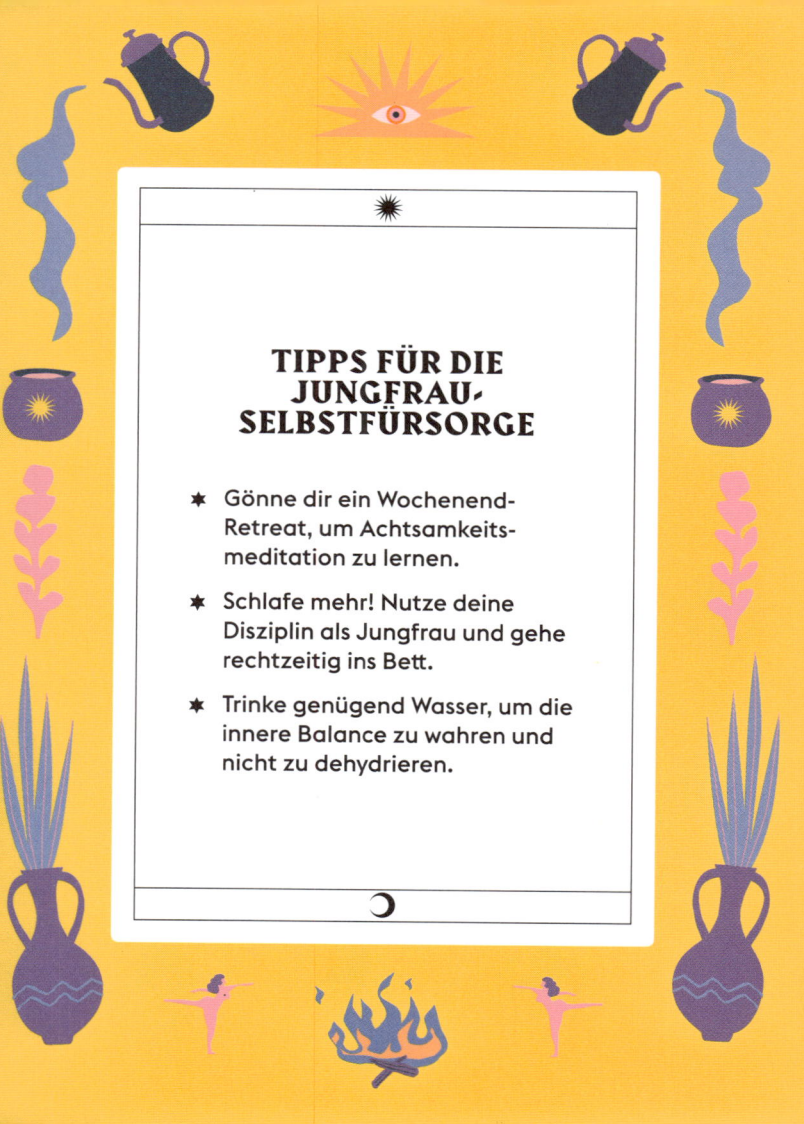

TIPPS FÜR DIE JUNGFRAU-SELBSTFÜRSORGE

* Gönne dir ein Wochenend-Retreat, um Achtsamkeits-meditation zu lernen.

* Schlafe mehr! Nutze deine Disziplin als Jungfrau und gehe rechtzeitig ins Bett.

* Trinke genügend Wasser, um die innere Balance zu wahren und nicht zu dehydrieren.

Selbstfürsorge

Bei all ihrem Interesse am Thema Gesundheit neigt die Jungfrau dazu, sich weniger um das eigene Wohlsein als um das anderer zu kümmern. Ihr typischer Perfektionismus sowie ihr Hang, sich zu viel Arbeit aufzubürden und alles selbst erledigen zu wollen, kann dazu führen, dass sie die eigenen Bedürfnisse vernachlässigt, was ernste gesundheitliche Folgen nach sich ziehen kann. Um etwas mehr Selbstfürsorge in ihr Leben zu bringen, kann sich die Jungfrau zum Beispiel mit Freund*innen für Sport oder Entspannungsübungen zusammentun – so tut die Jungfrau sich und gleichzeitig auch anderen etwas Gutes.

Für die Jungfrau ebenso wichtig ist der Umgang mit Stress. Um ihn zu bewältigen, sollte sie unbedingt eine Kombination aus Achtsamkeitsübungen und sportlichen Aktivitäten fest in ihr Tagesprogramm einbauen. Außerdem ignoriert die Jungfrau gern Erschöpfungszustände oder deutet sie falsch, denn sie hat einen gewissen Hang dazu, gesundheitliche Probleme verschärft wahrzunehmen. Doch ein hoher Puls muss nicht unbedingt das Symptom einer ernsthaften Erkrankung sein, sondern ist manchmal einfach auch nur auf Schlafmangel zurückzuführen.

DIE JUNGFRAU-SPEISEKAMMER

- ✱ Selbst gemachtes Chutney aus grünen Tomaten.
- ✱ Reisnudeln.
- ✱ Glutenfreie Bio-Sojasauce.

Kochen und Essen

Da die Jungfrau wählerisch ist, was ihre Ernährung angeht, und auch leidenschaftlich gern kocht, kommen für ihre Mahlzeiten nur hochwertige Zutaten infrage. Lebensmittel betrachtet sie als Treibstoff, der ihren Körper mit der notwendigen Energie versorgt. Deshalb wählt sie zumeist gesunde und gut verdauliche Nahrung: Vollkornprodukte, Samen, Nüsse, frisches Gemüse aus der Region, Eier aus Freilandhaltung, Bio-Fleisch und Fisch aus zertifiziertem Fang. Nicht wenige Jungfrauen ernähren sich sogar ausschließlich makrobiotisch oder vegan.

Auch beim Kochen überlässt die Jungfrau nichts dem Zufall, sondern macht sich bestens vorbereitet und kenntnisreich ans Werk. Ihre Gerichte zeichnen sich nicht nur durch eine ausgewogene Nährstoffbilanz aus, sondern sind auch perfekt angerichtet. Und da Jungfrauen Verschwendung hassen, zaubern sie mit großer Kreativität noch aus Resten etwas Leckeres. Die Moussaka? Es gab noch Überbleibsel von der Lammkeule vom letzten Sonntag.

TIPPS FÜR DEN UMGANG MIT GELD

★ Leg dir ein kleines Geldpolster *nur* für Vergnügungen an.

★ Hol dir Rat von Finanzexpert*innen: Selbst Jungfrauen wissen nicht alles.

★ Für Erdzeichen empfehlen sich vor allem (aber nicht nur) Investitionen in Immobilien.

Jungfrauen und das liebe Geld

Da sie hart arbeitet und umsichtig handelt, legt die Jungfrau ihr Geld in der Regel wohlüberlegt und ohne unkalkulierbare Risiken an. Sie spekuliert nicht mit Kryptowährungen oder Schneeballsystemen, sondern lässt sich ausführlich beraten und entscheidet sich nach reiflicher Überlegung für solide und langfristige Investitionen. Und da sie auch das Kleingedruckte genau liest, lässt sie sich nicht über den Tisch ziehen. Die Jungfrau macht sich oft schon in ihren Zwanzigern Gedanken über ihre Rente und orientiert ihre Berufswahl zumindest teilweise an ihrer finanziellen Absicherung. Aufgrund ihrer durch und durch vernünftigen Einstellung hat die Jungfrau auch keinerlei Interesse an Glücksspielen: Die Chance, mit einem Lotterielos einen Treffer zu landen, ist so gering, dass sie dafür nicht ihr Geld verschwendet. Das Äußerste, wozu sie sich hinreißen lässt, ist die Platzierung einer kleinen Wette auf ein Pferd, das den Namen ihrer Großmutter trägt.

Die Jungfrau und ihre Vorgesetzten

Viele Jungfrauen sind frustriert über die Arbeit ihrer Vorgesetzten, weil sie denken, dass sie den Job vermutlich besser machen könnten. Selbst wenn diese Einschätzung stimmen sollte, ist es besser, das nicht offen zu zeigen. Denk daran: Es erfordert deutlich mehr als nur effizientes Arbeiten, um die Rolle als Vorgesetzte*r auszufüllen. Stattdessen empfiehlt es sich, Verbesserungsvorschläge taktvoll und mit gut begründeten Argumenten zu machen. Auch hier kommt positiv zum Tragen, dass dieses Sonnenzeichen von Merkur, dem Planeten der Kommunikation, regiert wird. Doch selbst wenn die Jungfrau ihre diplomatischen Fähigkeiten geschickt einsetzt, kann nicht vorhergesagt werden, wie Vorgesetzte auf Kritik reagieren. Im Zweifelsfall empfiehlt es sich daher, sich auf die Zunge zu beißen und zu schweigen.

Umgekehrt sind viele Vorgesetzte von den Fähigkeiten der für sie tätigen Jungfrau so angetan, dass sie sie nicht selten mit Arbeit überhäufen. Und da die Jungfrau stolz darauf ist, jedes ihr auferlegte Arbeitspensum bewältigen zu können, akzeptiert sie solche Überbelastungen oft, ohne zu klagen. Sie sollte hier aber unbedingt Grenzen setzen und zumindest eine angemessene Entlohnung einfordern.

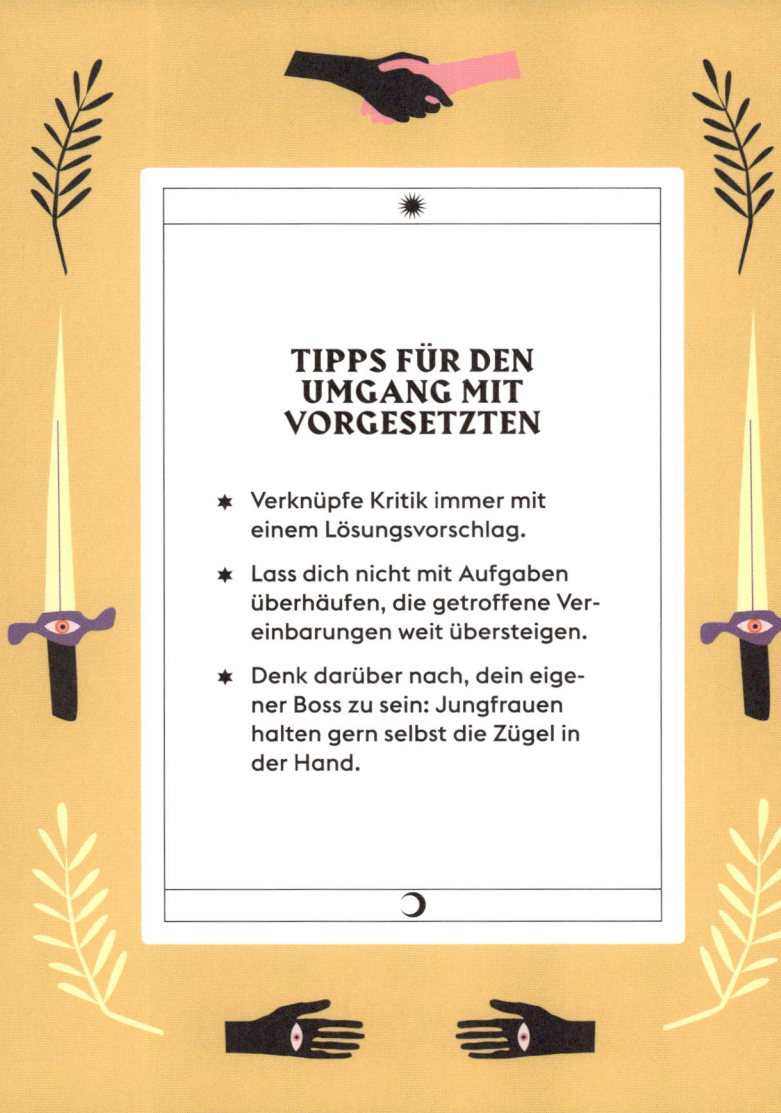

TIPPS FÜR DEN UMGANG MIT VORGESETZTEN

* Verknüpfe Kritik immer mit einem Lösungsvorschlag.

* Lass dich nicht mit Aufgaben überhäufen, die getroffene Vereinbarungen weit übersteigen.

* Denk darüber nach, dein eigener Boss zu sein: Jungfrauen halten gern selbst die Zügel in der Hand.

TIPPS FÜR EIN LEICHTERES LEBEN

★ Ein durchdachter Plan zur Verteilung der Hausarbeit erleichtert allen den Alltag.

★ Erteile nur dann Ratschläge, wenn du darum gebeten wirst.

★ Niemand bestückt den Geschirrspüler so gut wie du! Gib anderen dennoch eine Chance.

Wie lebt es sich mit der Jungfrau?

Da die Jungfrau so praktisch und fürsorglich ist, müsste sie als Mitbewohner*in doch eigentlich ideal sein. Der legendäre Ordnungssinn der Jungfrau ist in ihrem privaten Lebensumfeld allerdings nicht immer anzutreffen. Auch wenn sie stets klar denkt, perfekt gekleidet ist, das Badezimmer makellos zurücklässt und keine gammeligen Reste im Kühlschrank vergisst, herrscht in ihrem Zimmer nicht selten ein Chaos wie bei einem Teenager. Ein Grund dafür ist, dass die Jungfrau sich schwer von Dingen trennen kann und deshalb oft eine Menge Krimskrams ansammelt.

Wo sie lebt und mit wem, ist für die Jungfrau ohne Zweifel sehr wichtig, aber sie wird über ihre Empfindungen nicht viele Worte verlieren. Ihre Zurückhaltung hindert sie daran, Mitbewohner*innen oder sogar Partner*innen mitzuteilen, was sie ihr bedeuten. Aber sie wird ihr Pflichtbewusstsein gegenüber einer Gemeinschaft stets durch Taten beweisen. Und sie geht keiner spätabendlichen Diskussion aus dem Weg: sei es über Politik oder aktuellen Promi-Tratsch. Außerdem hat die Jungfrau stets ein offenes Ohr, wenn ihr bekümmerte Mitbewohner*innen ihr Herz ausschütten wollen.

Jungfrauen und Trennungen

Die Jungfrau klammert sich nicht an eine Partnerschaft und scheint Trennungen stoisch zu akzeptieren. Doch hinter ihrer äußeren Fassade reagiert sie oft fassungslos, wenn eine Beziehung zerbricht. Sie hätte doch in der Lage sein müssen, die Probleme zu lösen! Gleichzeitig ist die Jungfrau so veranlagt, dass sie auch emotionale Konflikte durch den Verstand betrachtet und ihre eigenen Gefühle unterdrückt, um sich selbst zu schützen. Wie verletzt sie wirklich ist, ist für andere daher oft schwer zu erkennen.

Wenn sie die Ursachen für eine Trennung genau unter die Lupe nimmt und abwägt, dann hat die Jungfrau dafür gute Gründe. Gerät sie dabei jedoch unter Druck, versucht sie instinktiv, die Oberhand zu gewinnen – unabhängig davon, wer die Schuld am Zerwürfnis trägt. Anstatt hier Zurückhaltung zu zeigen, verschlimmert sie damit häufig noch die Situation.

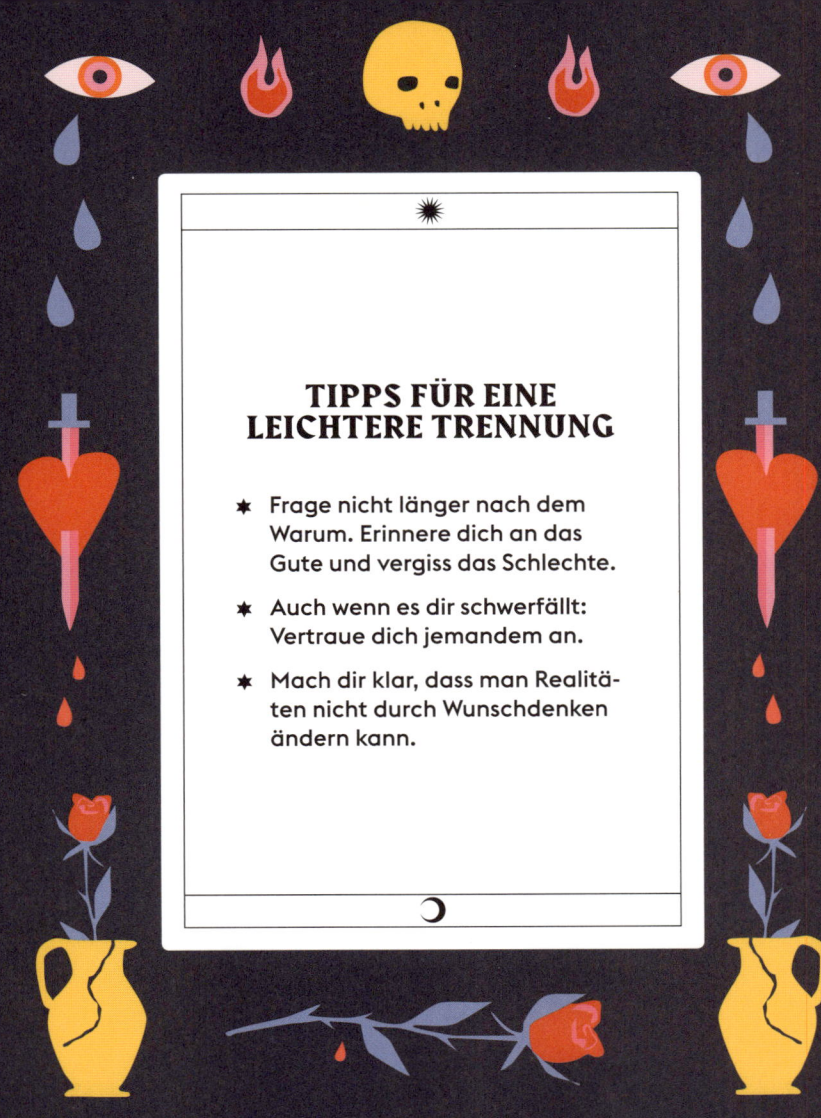

TIPPS FÜR EINE LEICHTERE TRENNUNG

* Frage nicht länger nach dem Warum. Erinnere dich an das Gute und vergiss das Schlechte.

* Auch wenn es dir schwerfällt: Vertraue dich jemandem an.

* Mach dir klar, dass man Realitäten nicht durch Wunschdenken ändern kann.

So will die Jungfrau geliebt werden

Die ihr eigene Zurückhaltung hindert die Jungfrau oft daran, anderen ihre Liebe und Zuneigung offen zu zeigen. Dabei ist sie nicht nur zu leidenschaftlichen und dauerhaften Empfindungen fähig, sondern erwartet auch, dass diese ganz genauso erwidert werden. Deshalb kann sie verletzt reagieren, wenn ihre Unnahbarkeit als Zurückweisung fehlgedeutet wird, auch wenn sie sich dies ebenfalls nicht anmerken lässt. Nur wenn sie sich wirklich geliebt fühlt, legt die Jungfrau ihre Hemmungen ab, bekennt ihre Leidenschaft und offenbart ihre verletzliche Seite. Doch der Weg zum Herzen einer Jungfrau ist voller Hindernisse: Viele zögern aus Angst, etwas falsch zu machen oder sich eine Abfuhr zu holen, obwohl die Jungfrau es hasst, die Gefühle anderer zu verletzen. Diese erste Hürde zu nehmen, erfordert einige Geduld.

Es gibt einen weiteren Grund dafür, dass die Jungfrau viel Zeit braucht, um die Liebe eines anderen offen zu erwidern: Damit sie ihre kostbare Zeit nicht mit dem oder der Falschen verschwendet, wägt sie zunächst sorgfältig alle Argumente und Fakten ab, die dafür oder dagegen sprechen, sich an eine bestimmte Person zu binden. Dieses nüchterne Taxieren bei der Partnerwahl mag vielen unverständlich oder sogar oberflächlich erscheinen, ist aber Teil der Logik, die für die Jungfrau typisch ist. Wenn du um die Hand einer Jungfrau anhältst und dabei unglücklicherweise scheußliche Socken trägst, wird sie dir möglicherweise einen Korb geben, auch wenn sie bis über beide Ohren in dich verliebt ist.

Durch ihre Neigung, Dinge und Beziehungen immer wieder neu zu überdenken und zu hinterfragen, macht sich die Jungfrau nicht selten selbst zu ihrem größten Feind. Gefangen in der Falle ihrer Logik, steht sie sich selbst im Weg, Kompromisse einzugehen und sich ihren Herzenswunsch zu erfüllen: nämlich leidenschaftlich von einem Menschen geliebt zu werden, der ihre selbst auferlegten Vorbehalte durchschaut. Doch als ein höchst anpassungsfähiges Sonnenzeichen kann die Jungfrau von der richtigen Person von ihrem Glück überzeugt werden.

TIPPS FÜR DIE LIEBE ZUR JUNGFRAU

★ Geduld ist gefragt: Hinter der Zurückhaltung verbirgt sich Unsicherheit, nicht Desinteresse.

★ Taten wirken oft mehr als Worte, um eine Jungfrau aus der Reserve zu locken.

★ Alles braucht seine Zeit – auch eine romantische Beziehung.

Jungfrauen und Sexualität

Zweifellos kann sich die Jungfrau als veränderliches Erd-zeichen durchaus spontan und ungehemmt verhalten. Und besonders wenn es um Genuss geht, scheut sie keine Mühen, ihn auch aufwendig in Szene zu setzen. Doch sie sollte dabei nicht aus den Augen verlieren, dass es einen Unterschied macht, eine stimmungsvolle Bühne zu kreieren oder im Bett Regieanweisungen zu geben. Dort empfiehlt sich eher diploma-tische Zurückhaltung.

In einer vertrauten Partnerschaft folgt die Jungfrau ihrem Instinkt und gibt sich nicht nur dem oder der anderen mit Haut und Haaren hin, sondern erweist sich auch als einfühlsam.

Das gilt jedoch nur, solange sie der Versuchung widersteht, die Situation vollständig kontrollieren zu wollen, anstatt sie einfach zu genießen. Sie sollte deshalb nicht vergessen, dass beim Austausch von Zärtlichkeiten das Geben ebenso wichtig ist wie das Nehmen. Und dass das Schlafzimmer kein Ort ist, wo es um Perfektion geht. Hier zählen allein gegenseitiges Ver-trauen und die Intimität zwischen zwei Menschen. Je geborge-ner sich die Jungfrau in einer Beziehung fühlt, desto entspann-ter kann sie die Magie der Erotik in vollen Zügen genießen.

Astro-wissen

Dein Sonnenzeichen zeigt dir
nie das ganze Bild. In diesem
Abschnitt erfährst du, wie
du weitere Details deines
Geburtshoroskops lesen
kannst. Damit öffnest du
astrologisch neue Fenster.

Dein Geburts- horoskop

Dein Geburtshoroskop ist ein Schnappschuss eines Moments an einem bestimmten Ort zum genauen Zeitpunkt deiner Geburt. Es gilt demnach nur für dich und ist völlig einzigartig. Es ist wie eine Blaupause, eine Landkarte oder eine Aussage über Begebenheiten, die mögliche Charakterzüge und Einflüsse abbilden – aber es ist nicht dein Schicksal. Dein Geburtshoroskop ist nur ein symbolisches Instrument, auf das du dich beziehen kannst, basierend auf den Planetenkonstellationen bei deiner Geburt. Wer keinen Astrologen aufsuchen mag, kann sich sein Geburtshoroskop in wenigen Minuten online erstellen lassen (siehe auch S. 108). Wenn du deine genaue Geburtszeit nicht kennst, reichen das Datum und der Geburtsort zum Erstellen einer ersten, groben Vorlage.

Denke daran, dass in der Astrologie nichts per se gut oder schlecht ist, wie es auch keine expliziten Zeitangaben oder Vorhersagen gibt: Es ist alles eher eine Frage der Einflüsse und wie sich diese positiv oder negativ auswirken könnten. Und wenn wir eine gewisse Einsicht haben und Instrumente, mit denen wir uns unseren Umständen und unserer Umgebung annähern, sie sehen oder interpretieren können, gibt uns das etwas an die Hand, mit dem wir arbeiten können.

Wenn du dein Geburtshoroskop liest, hilft es, zunächst die Mittel der Astrologie zu betrachten, die dir zur Verfügung stehen. Dazu gehören nicht nur die zwölf Zeichen und das, was sie symbolisieren, sondern auch die zehn Planeten, mit denen die Astrologie arbeitet, und deren Eigenschaften sowie die zwölf Häuser und ihre Bedeutung. Einzeln sind diese Instrumente nur von flüchtigem Interesse, aber wenn man anfängt zu sehen, wie sie eventuell nebeneinanderstehen, wird das größere Ganze zugänglicher und man beginnt, Einsichten zu gewinnen, die nützlich sein können.

Allgemein steht jeder Planet für eine andere Energie. Die astrologischen Zeichen schlagen die Art und Weise vor, in denen sich diese Energien ausdrücken können, und die Häuser stellen Erfahrungsfelder dar, in denen dieser Ausdruck wirksam werden kann.

Als Nächstes kommen die Positionen der Zeichen an vier Schlüsselstellen ins Bild: der Aszendent und sein Gegenüber, der Deszendent; die Himmelsmitte (lat.: *Medium coeli*, kurz MC) und ihr Gegenüber, das *Imum coeli* (IC); dazu die Aspekte, die durch Gruppierungen von Zeichen und Planeten entstehen.

Jetzt kannst du sehen, wie hintergründig das Lesen eines Horoskops sein kann, wie unendlich in seiner Vielfalt und überaus individuell. Mit diesem Wissen und einem praktischen Verständnis für die Symbolik und die Einflüsse der Zeichen, Planeten und Häuser deines Profils kannst du beginnen, diese Instrumente als Hilfe bei Entscheidungen und anderen Lebensaspekten heranzuziehen.

Das Horoskop lesen

In deinem von Hand oder per Onlineprogramm angefertigten Geburtshoroskop siehst du einen Kreis, unterteilt in zwölf Segmente. An verschiedenen Punkten sind Informationen gebündelt. Sie geben die Position jedes Tierkreiszeichens an, in welchem Segment es steht und auf wie viel Grad. Unabhängig von den personenspezifisch relevanten Merkmalen ist jedes Horoskop nach dem gleichen Muster aufgebaut, wenn es um die Auslegung geht.

Auf Grundlage von Geburtszeit, Geburtsort und den Planetenkonstellationen zu diesem Zeitpunkt wird das Geburtshoroskop erstellt, auch Radixhoroskop genannt.

Wenn man sich das Horoskop als Ziffernblatt vorstellt, beginnt das erste Haus (siehe S. 95–99) an der 9. Von diesem Punkt aus wird das Horoskop gegen den Uhrzeigersinn durch alle zwölf Kreissegmente hindurch bis zum zwölften Haus gelesen.

Der Anfangspunkt, die 9, ist auch der Punkt, in dem die Sonne bei deiner Geburt aufging. Dies zeigt dir deinen Aszendenten, dein aufsteigendes Zeichen. Gegenüber, an der 3 des Ziffernblatts, liegt dein absteigendes Zeichen, der Deszendent. Deine Himmelsmitte, das MC, liegt auf der 12, ihr Gegenüber, das IC, auf der 6 (siehe S. 101–102).

Wenn wir die Bedeutung der Eigenschaften der astrologischen Zeichen und Planeten, ihre jeweiligen Energien und Positionen sowie die Aspekte zwischen ihnen verstehen, kann dies helfen, uns selbst und die Beziehung zu anderen zu begreifen. Auch im täglichen Leben hilft astrologisches Grundwissen, die wechselnden Planetenkonfigurationen und ihre Auswirkungen besser einzuordnen, genau wie die wiederkehrenden Muster, durch die Chancen und Möglichkeiten mal verringert und mal vermehrt werden können. Mit diesen Einflüssen zu leben und nicht gegen sie, kann das Leben leichter und letztlich auch erfüllter machen.

Der Mond-effekt

Wenn dein Sonnenzeichen dein Bewusstsein, deine Lebenskraft und deinen individuellen Willen symbolisiert, dann steht der Mond für die Seite deiner Persönlichkeit, die du eher geheim oder versteckt hältst. Er ist das Reich des Instinkts, der Intuition, der Kreativität und des Unbewussten, das dich emotional an neue, manchmal nur schwer zu verstehende Orte führt. Dieser Effekt verleiht einer Person Feinheiten und Nuancen, weit über ihr Sonnenzeichen hinaus. So magst du deine Sonne in der Jungfrau haben, mit allem, was das bedeutet, doch gleicht sie vielleicht ein intuitiver und mystischer Mond in den Fischen aus. Oder du hast deine Sonne im offenherzigen Löwen, aber den Mond im Wassermann, mit all seiner rebellischen, emotionalen Distanziertheit.

Die Mondphasen

Der Mond kreist in rund 28 Tagen um die Erde. Wie viel wir von ihm sehen, hängt davon ab, wie viel Sonnenlicht er reflektiert. Dadurch scheint er zu- und abzunehmen. Bei Neumond beleuchtet die Sonne nur ein kleines Stück. Je mehr er zunimmt, desto mehr Licht reflektiert er. Er wird von der Sichel zum zunehmenden Sichelmond und zum ersten Viertel; dann zum zunehmenden Dreiviertelmond und zum Vollmond. Danach nimmt er ab, erst zum abnehmenden Dreiviertelmond, dann zum letzten Viertel. Der Zyklus beginnt erneut. All dies geschieht in einem Zeitraum von vier Wochen. In manchen Kalendermonaten gibt es sogar zwei Vollmonde – *Blue Moon* heißt der zweite im Englischen.

Der Mond bewegt sich jeden Monat auch durch ein neues Tierkreiszeichen, wie wir von unserem Geburtshoroskop wissen. Auch dies bringt uns Informationen: Ein Mond im Skorpion kann ganz anders wirken als ein Steinbock-Mond und je nach dem persönlichem Horoskop kann dies monatlich einen wechselnden Einfluss haben. Wenn in deinem Geburtshoroskop der Mond zum Beispiel in der Jungfrau steht, wird der tatsächliche Mond einen zusätzlichen Einfluss bringen, wenn er in die Jungfrau wandert. Weitere Informationen hierzu findest du auf den Seiten zu den Tierkreiszeichen (siehe S. 12–17).

Der Mondzyklus hat einen energetischen Effekt, den man gut an den Gezeiten erkennen kann. Da der Mond ein Fruchtbarkeitssymbol ist und für unsere tiefere, psychologische Seite steht, können wir dies aus astrologischer Sicht nutzen, um uns eingehender und kreativer auf die Lebensaspekte zu konzentrieren, die uns wichtig sind.

Eklipsen

Allgemein gesagt verschleiert eine Eklipse (Finsternis) Situationen und verhindert, dass Licht auf sie fällt. Astrologisch gesehen ist hierbei wichtig, wo Sonne oder Mond zum Zeitpunkt der Eklipse im Verhältnis zu anderen Planeten stehen. So wird eine Sonnenfinsternis in den Zwillingen einen Zwillinge-Einfluss mit sich bringen oder Zwillinge beeinflussen.

Wenn ein Lebensbereich versteckt oder ins Licht gerückt wird, ist dies eine Einladung, ihm Aufmerksamkeit zu schenken. Bei Eklipsen geht es im Allgemeinen um den Anfang oder das Ende einer Sache. Früher hielt man sie für Omen, wichtige Zeichen, die man beachten musste. Da man Eklipsen berechnen kann, werden sie astronomisch kartiert. Ihre astrologische Bedeutung kann somit im Voraus eingeschätzt werden und man kann deshalb auch im Voraus darauf reagieren.

Die zehn Planeten

In der Astrologie sprechen wir von zehn Planeten (allerdings nicht in der Astronomie, da die Sonne eigentlich ein Stern ist). Jedem Sternzeichen ist ein Herrscherplanet zugeordnet; Merkur, Venus und Mars regieren je zwei Zeichen. Die Eigenschaften der Planeten beschreiben diejenigen Einflüsse, die auf die Zeichen wirken können. Die Gesamtheit dieses Wissens fließt in die Auslegung eines Geburtshoroskops ein.

Mond

Dieses Zeichen formt ein Gegenprinzip
zur Sonne und bildet ein Paar mit ihr.
Er verkörpert das Weibliche und steht
für Geborgenheit und Empfänglichkeit
und dafür, wie wir instinktiv und
gefühlsmäßig reagieren.

Herrscher von Krebs

Sonne

Verkörpert das Männliche. Sie gilt
als lebensentfachende Energie,
was auf eine väterliche Energie
im Geburtshoroskop hindeutet.
Die Sonne symbolisiert unser
Selbst oder unseren Wesenskern
und unsere Bestimmung.

Herrscher von Löwe

Merkur

Der Planet der Kommunikation.
Symbolisiert den Drang, die
Gedanken durch Worte zu ver-
stehen und mitzuteilen.

Herrscher von Zwillinge und Jungfrau

Venus

Der Planet der Liebe. Hier geht es
um Anziehung, Verbundenheit und
Lust. Im Horoskop einer Frau symbolisiert er ihren weiblichen Stil,
im Horoskop eines Mannes
seine*n ideale*n Partner*in.

Herrscher von Stier und Waage

Mars

Dieser Planet symbolisiert Energie
pur (Mars ist der Gott des Krieges),
zeigt aber auch, in welchen Bereichen
wir am ehesten durchsetzungsfähig,
aggressiv oder risikobereit sind.

Herrscher von Widder und Skorpion

Saturn

Wird manchmal der weise Lehrer oder
Lehrmeister der Astrologie genannt.
Er symbolisiert gelernte Lektionen und
Grenzen und zeigt uns den Wert
von Entschlossenheit, Zähigkeit
und Widerstandsfähigkeit.

Herrscher von Steinbock

Jupiter

Der größte Planet unseres Sonnen-
systems. Symbolisiert Freigebigkeit
und Wohltätigkeit, alles, was expansiv
und heiter ist. Wie bei dem Zeichen,
über das er herrscht, geht es auch darum, sich auf Reisen und Erkundungen
von zu Hause wegzubewegen.

Herrscher von Schütze

Uranus

Symbolisiert das Unerwartete, neue
Ideen und Innovation; den Drang,
das Alte niederzureißen und das
Neue einzuführen. Der Nachteil kann
eine Unfähigkeit sein, sich einzu-
fügen, und somit das Gefühl,
ein Außenseiter zu sein.

Herrscher von Wassermann

Pluto

Dem Hades (lat.: *Pluto*), Gott der
Unterwelt oder Toten, zugeordnet,
übt dieser Planet eine mächtige Kraft
aus, die unter der Oberfläche liegt und
die in ihrer negativsten Ausprägung
für Obsessionen und zwanghaftes
Verhalten stehen kann.

Herrscher von Skorpion

Neptun

Mit dem Meer verbunden, steht er
für die unterhalb liegenden Dinge,
unter Wasser und zu tief, um klar er-
kannt zu werden. Sensibel, intuitiv
und künstlerisch, symbolisiert er die
Fähigkeit, bedingungslos zu lieben,
zu verzeihen und zu vergessen.

Herrscher von Fische

Die vier Elemente

Die Unterteilung der zwölf Sternzeichen in die Elemente Erde, Feuer, Luft und Wasser liefert noch weitere Eigenschaften. Sie wurzelt in der altgriechischen Medizin, die lehrte, dass der Körper aus vier Körperflüssigkeiten oder „-säften" bestand: Blut, gelbe und schwarze Gallenflüssigkeit sowie Schleim. Sie entsprachen den vier Temperamenten sanguinisch, melancholisch, cholerisch und phlegmatisch, den vier Jahreszeiten Frühling, Sommer, Herbst und Winter und den vier Elementen Luft, Feuer, Erde und Wasser.

In der Astrologie beschreiben diese symbolischen Eigenschaften weitere Aspekte der unterschiedlichen Zeichen. C. G. Jung verwendete sie in seiner Psychologie und noch heute bezeichnen wir Menschen in ihrer Lebenseinstellung zum Beispiel als feurig oder luftig oder sagen, sie seien „in ihrem Element". In der Astrologie heißt es, dass Sonnenzeichen des gleichen Elements eine Affinität oder ein Verständnis füreinander haben.

Wie immer in der Astrologie gibt es hierbei Positives und Negatives. Das Wissen um eine „Schattenseite" kann in Bezug auf die Selbsterkenntnis hilfreich sein und auf das, was man vielleicht verbessern oder ausgleichen sollte, besonders im Umgang mit anderen.

Luft

ZWILLINGE ✳ WAAGE ✳
WASSERMANN

Diese Zeichen glänzen im
Reich der Ideen. Scharfsinnig
und visionär, dabei in der
Lage, das große Ganze zu
sehen, haben Luftzeichen
eine reflektierende Qualität,
die Situationen entspannen
kann. Zu viel Luft kann
Absichten zerstreuen, was
Zwillinge unentschlossen
machen, die Waage zum
Zaudern bringen und den
Wassermann teilnahmslos
erscheinen lassen kann.

Feuer

WIDDER ✳ LÖWE ✳
SCHÜTZE

Diese Zeichen umgibt Wärme
und Energie, eine positive
Herangehensweise, Spon-
taneität und Enthusiasmus,
die andere sehr inspirieren
und motivieren kann. Nach-
teilig kann sein, dass der
Widder sich gern kopfüber
in Sachen stürzt, der Löwe
viel Aufmerksamkeit braucht
und der Schütze viel re-
det, aber nichts liefert.

Erde

STIER ✳ JUNGFRAU ✳
STEINBOCK

Typischerweise genießen
Erdzeichen sinnliche Freuden,
Essen und andere körperliche
Befriedigungen. Sie fühlen
sich gern geerdet und lassen
Taten für ihre Ideen sprechen.
Der Nachteil ist, dass Stier-
Geborene dickköpfig sein
können, Jungfrauen pingelig
und Steinböcke verbissen
konservativ.

Wasser

KREBS ✳ SKORPION ✳
FISCHE

Wasserzeichen sind sehr
reaktionsfreudig, wie die
Gezeiten mit Ebbe und Flut,
dazu aufmerksam und intuitiv – manchmal sogar über die
Maßen, wegen ihrer besonderen Fähigkeit zu fühlen. Der
Nachteil ist eine Tendenz, sich
überfordert zu fühlen. Dies
kann den Krebs so hartnäckig
wie selbstschützend werden
lassen, Fische wechselhaft in
ihrer Aufmerksamkeit und
den Skorpion unberechenbar
und intensiv.

Kardinale, fixe und veränderliche Zeichen

Zusätzlich zur Unterteilung in die vier Elemente sind die Sternzeichen auch noch auf drei andere Arten gruppiert, die verdeutlichen, wie ihre Energien agieren oder reagieren können. Dies verleiht ihren besonderen Eigenschaften weitere Tiefe.

Kardinal

WIDDER ✳ KREBS ✳ WAAGE ✳ STEINBOCK

Kardinalzeichen sind aktive Zeichen mit der Energie, die Initiative zu ergreifen und Dinge in Gang zu setzen. Der Widder hat die Vision, der Krebs die Gefühle, die Waage die Kontakte und der Steinbock die Strategie.

Fix

Langsamer, aber entschlossener arbeiten diese Zeichen, um voranzukommen; sie halten das am Laufen, was die kardinalen Zeichen initiiert haben. Der Stier bietet körperlichen Komfort, der Löwe Loyalität, der Skorpion emotionale Unterstützung und der Wassermann guten Rat. Auf fixe Zeichen ist Verlass, doch haben sie die Tendenz, sich gegen Veränderungen zu wehren.

Veränderlich

ZWILLINGE * JUNGFRAU * SCHÜTZE * FISCHE

Anpassungsfähig und neuen Ideen, Orten und Menschen gegen-über aufgeschlossen, können sich veränderliche Zeichen leicht auf ihre Umgebung einstellen. Zwillinge sind geistig beweglich, die Jungfrau praktisch und vielseitig. Der Schütze visualisiert Möglichkeiten und die Fische sind empfänglich für Wandel.

Die zwölf Häuser

Das Geburtshoroskop ist in zwöf Häuser unterteilt, die für unterschiedliche Lebensbereiche und -funktionen stehen. Wenn man dir sagt, dass du ein Zeichen in einem bestimmten Haus hast – zum Beispiel die Waage (Gleichgewicht) im fünften Haus (Kreativität und Sexualität) –, kannst du diese Einflüsse interpretieren im Hinblick auf ganz spezifische Hinweise dafür, wie du einen Aspekt deines Lebens angehen könntest.

Jedes Haus ist mit einem Sonnenzeichen, seinem „natürlichen Herrscher", verknüpft und wird so durch Eigenschaften dieses Zeichens repräsentiert.

Drei der Häuser gelten als mystisch und beziehen sich auf unsere innere, übersinnliche Welt: das vierte (Zuhause), das achte (Tod und Wiedergeburt) und das zwölfte (Geheimnisse).

1. Haus

DAS SELBST

BEHERRSCHT VON WIDDER

Haus deiner Persönlichkeit: dein Selbst, wer du bist und wie du dich darstellst, deine Vorlieben, Abneigungen und Lebenseinstellungen. Es beschreibt auch, wie du dich selbst siehst und was dein Ziel im Leben ist.

2. Haus

BESITZ

BEHERRSCHT VON STIER

Haus deiner Besitztümer. Es zeigt, was dir gehört, einschließlich Geld, wie du dein Einkommen verdienst; deine materielle Sicherheit und die reellen Dinge, die dich auf deinem Lebensweg begleiten.

3. Haus

KOMMUNIKATION

BEHERRSCHT VON ZWILLINGE

In diesem Haus geht es um Kommunikation und Geisteshaltung, vor allem darum, wie du dich ausdrückst. Es beschreibt auch deine Beziehung zu deiner Familie, deinen Weg in der Schule oder im Beruf und wie du denkst, sprichst, schreibst und lernst.

4. Haus

ZUHAUSE

BEHERRSCHT VON KREBS

Haus deiner Wurzeln und deines Zu-
hauses, jetzt, früher und in Zukunft.
Es umfasst daher deine Kindheit und
die derzeitige häusliche Situation.
Es beschreibt auch, was dir dein
Zuhause und Sicherheit bedeuten.

5. Haus

KREATIVITÄT

BEHERRSCHT VON LÖWE

Haus von Kreativität, Spiel
und Sexualität. Erlaubt auch Rück-
schlüsse auf Schaffensdrang und
Libido in allen Ausprägungen.
Es beschreibt außerdem Finanz-
und Liebesspekulationen, Spiele,
Vergnügen und Zuneigung:
Herzensangelegenheiten.

6. Haus

GESUNDHEIT

BEHERRSCHT VON JUNGFRAU

Haus der Gesundheit, sowohl
körperlich wie psychisch, und wie
stabil sie ist. Auch die Menschen,
die uns am Herzen liegen, die wir
umsorgen oder unterstützen –
von Familienmitgliedern bis
hin zu Arbeitskollegen.

7. Haus

PARTNERSCHAFT

BEHERRSCHT VON WAAGE

Der Gegenpol des ersten Hauses. Es spiegelt gemeinsame Ziele und enge Partnerschaften, unsere Wahl des*der Lebenspartner*in und wie erfolgreich unsere Beziehungen sein können. Es beschreibt auch Partnerschaften und Feindschaften im Berufsleben.

8. Haus

WIEDERGEBURT

BEHERRSCHT VON SKORPION

Das Haus steht für den Tod als Wiedergeburt oder spirituelle Transformation. Beschreibt auch Vermächtnisse und das, was du an Persönlichkeitsmerkmalen oder materiell erben wirst. Und da Wiedergeburt Sex braucht, geht es in diesem Haus auch um Sex und sexuelle Gefühle.

9. Haus

REISEN

BEHERRSCHT VON SCHÜTZE

Haus der Fernreisen und Entdeckungsfahrten; es geht auch um die Erweiterung des Horizonts, den das Reisen bringen kann, und wie sich dies ausdrückt. Beschreibt das Verbreiten von Ideen, zum Beispiel in literarischen Werken oder Veröffentlichungen.

11. Haus

FREUNDSCHAFTEN

BEHERRSCHT VON WASSERMANN

Haus der Freundesgruppen und
Bekannten, Visionen und Ideen.
Es geht weniger um unmittelbare
Befriedigung, sondern um langfristige Träume und wie diese durch
unsere Fähigkeit, harmonisch mit
anderen zusammenzuarbeiten,
erreicht werden können.

12. Haus

GEHEIMNISSE

BEHERRSCHT VON FISCHE

Gilt als spirituellstes Haus. Das Haus
des Unbewussten, der Geheimnisse
und dessen, was verborgen ist;
die „Leiche im Keller". Spiegelt
auch die geheimen Wege, auf
denen wir uns selbst sabotieren oder
unsere Kräfte kleinhalten, indem
wir sie nicht ausschöpfen.

10. Haus

BERUFUNG

BEHERRSCHT VON STEINBOCK

Repräsentiert das, wonach wir
streben, und unseren Satus; wie wir
öffentlich angesehen sein wollen
(oder nicht), unsere Ambitionen,
unser Image und was wir im Leben
aus eigener Kraft erreichen wollen.

Der Aszendent

Der Aszendent, auch als aufsteigendes Zeichen bekannt, ist das Tierkreiszeichen, das am Tag deiner Geburt am östlichen Horizont erschien, je nachdem, an welchem Ort und zu welcher Zeit dies passierte. Er liefert Informationen über die Aspekte deines Charakters, die sich mehr nach außen hin offenbaren, wie du dich präsentierst und von anderen gesehen wirst.

Die Geburtszeit zu kennen, ist somit ein nützlicher Faktor in der Astrologie. Selbst wenn dein Sonnenzeichen Jungfrau ist, kannst du also mit aufsteigendem Krebs mütterlich wirken und dich auf die eine oder andere Weise spürbar für das häusliche Leben engagieren.

Dein Aszendent – oder der anderer Personen – hilft oft auch zu erklären, warum die eigene Persönlichkeit so wenig mit dem Sonnenzeichen zusammenzupassen scheint.

Wenn du deine Geburtszeit und deinen Geburtsort weißt, kannst du deinen Aszendenten problemlos online oder in einer App ausrechnen lassen (siehe S. 108). Frage einfach deine Mutter oder andere Familienmitglieder danach. Manchmal steht die Geburtszeit auch in der Geburtsurkunde. Wenn du dir das Horoskop als Ziffernblatt vorstellst, ist der Aszendent auf der Neun-Uhr-Position zu sehen.

Der Deszendent

Der Deszendent weist auf einen möglichen Lebenspartner hin, basierend auf der Vorstellung, dass Gegensätze sich anziehen. Wenn du deinen Aszendenten kennst, ist der Deszendent leicht zu berechnen, da er genau sechs Zeichen entfernt ist: Bei einem Jungfrau-Aszendenten wäre der Deszendent also Fische. Wenn du dir das Horoskop als Ziffernblatt vorstellst, ist der Deszendent auf der Drei-Uhr-Position zu sehen.

Die Himmelsmitte (MC)

Auf deinem Geburtshoroskop ist auch die Himmelsmitte eingezeichnet (MC, von lat.: *Medium coeli*). Sie weist auf deine Einstellung zu Arbeit, Beruf und beruflichem Ansehen hin. Wenn du dir das Horoskop als Ziffernblatt vorstellst, ist das MC auf der Zwölf-Uhr-Position eingezeichnet.

Die Himmelstiefe (IC)

Dann gibt es noch das IC in deinem Horoskop (von lat.: *Imum coeli*, „Himmelstiefe"). Es weist auf deine Haltung gegenüber deinem Zuhause und deiner Familie hin und hat auch einen Bezug zum Ende deines Lebens. Das IC ist sechs Zeichen vom MC entfernt. Wenn dein MC Wassermann ist, ist dein IC Löwe. Wenn du dir das Horoskop als Ziffernblatt vorstellst, ist das IC auf der Sechs-Uhr-Position eingezeichnet.

Rückläufiger Saturn

Saturn ist einer der langsamsten Planeten: Er braucht 28 Jahre, um einmal um die Sonne zu kreisen und an den Punkt zurückzukehren, an dem er zum Zeitpunkt deiner Geburt stand. Diese Rückkehr kann sich über zwei bis drei Jahre erstrecken und macht sich oft in den Zeiten um deinen 30. und 60. Geburtstag stark bemerkbar, die oft als bedeutende „Meilensteine" gelten.

Da die Saturnenergie bisweilen als anstrengend empfunden wird, sind das nicht immer leichte Lebensabschnitte. Saturn gilt als weiser Lehrer oder harter Lehrmeister: Der Saturneffekt wird oft als „zum Glück zwingen" empfunden – so wie viele gute Lehrer argumentieren. Er hält uns wie ein strenger Personal Coach auf der Spur.

Die Saturnrückkehren erlebt jeder Mensch individuell. Sie sind immer eine gute Zeit, Bilanz zu ziehen, Dinge im Leben loszulassen, die einem nicht mehr nutzen, die Erwartungen zu revidieren und ohne Ausreden das im Leben aufzunehmen, von dem man gern mehr hätte. Wenn du also dieses Lebensereignis gerade erlebst oder erwartest, solltest du es begrüßen und damit arbeiten. Denn was du jetzt lernst – vor allem über dich selbst –, ist wissenswert, so turbulent es auch sein mag. Es kann sich für die nächsten 28 Jahre lohnen!

Rückläufiger Merkur

Selbst Menschen mit wenig Interesse an Astrologie bemerken es oft, wenn der Planet Merkur rückläufig ist. Als „Rückläufigkeit" bezeichnet man Zeiten, in denen Planeten wie der Merkur stationär sind, aber sich in die Gegenrichtung zu bewegen scheinen, weil die Erde sich weiterdreht. Vorher und nachher kommt es zu einer „Schattenperiode", die auch etwas turbulent sein kann. Der Planet scheint dabei erst langsamer und dann wieder schneller zu werden. Generell ist es ratsam, während der Rückläufigkeit keine wichtigen Schritte in Bezug auf Kommunikation zu unternehmen. Und wenn doch, sollte man im Kopf haben, dass sie sich später wieder ändern können.

Da Merkur der Planet der Kommunikation ist, zeigt sich schnell, warum seine Rückläufigkeit und ihre Verbindung mit Kommunikationsfehlern problematisch ist: zum Beispiel auf altmodische Weise, wenn ein Brief in der Post verloren geht, oder moderner, wenn der Computer abstürzt.

Ein rückläufiger Merkur kann auch das Reisen beeinträchtigen und es gibt Flug- oder Zugverspätungen, Staus oder Unfälle.

Dazu beeinflusst er die persönliche Kommunikation: Hören, Sprechen, (Nicht-)Gehört-Werden. Dies kann Durcheinander oder Streit verursachen. Er kann sich auch auf formellere Vereinbarungen wie Kaufverträge auswirken.

Merkur ist drei- bis viermal pro Jahr über etwa drei Wochen rückläufig, mit Schattenperioden vorher und nachher. Die Zeitrahmen seiner Rückläufigkeiten bedeuten auch, dass sie in einem bestimmen Sternzeichen passieren. Wenn er zum Beispiel zwischen 25. Oktober und 15. November rückläufig wäre, würde sein Effekt Skorpion-Eigenschaften haben. Auch Menschen mit Skorpion-Sonne oder einem starken Skorpion-Aspekt in ihrem Geburtshoroskop könnten stärker betroffen sein.

Die Termine, zu denen der Merkur rückläufig ist, findet man online, in astrologischen Tabellen oder Ephemeriden. Hier kann man sehen, ob man diese Zeiten für die Planung von Ereignissen meiden sollte, da sie potenziell betroffen sein könnten. Um festzustellen, wie der rückläufige Merkur dich persönlich angehen könnte, musst du dein Geburtshoroskop kennen und dessen spezifischere Kombinationen aus Zeichen- und Planeteneinflüssen.

Wenn du leichter durch einen rückläufigen Merkur kommen willst, sollte dir bewusst sein, dass Pannen passieren können. Rechne also mit Verzögerungen und überprüfe Details lieber doppelt. Bleibe angesichts von Verzögerungen positiv gestimmt und nimm solche Zeiten als Chance für Entschleunigung. Blicke zurück oder überdenke Ideen in Beruf oder Privatleben. Nutze die Zeit, um Fehler zu korrigieren oder Pläne umzugestalten, damit du vorbereitet bist, wenn sich die festgefahrene Energie erneut bewegt und du wieder fließender vorankommst.

Lesetipps

Die zwölf Archetypen: Tierkreiszeichen und Persönlichkeitsstruktur
(2011) von Brigitte Hamann; erschienen bei KnaurMensSana

Astrologie für Dummies
(2020) von Rae Orion; erschienen bei Wiley-VCH Verlag GmbH & Co. KGaA

Astrologie für den Alltag
(2021) von Carole Taylor; erschienen bei DK Verlag Dorling Kindersley

Das Astrologiebuch (2004) von Michael Roscher; erschienen im bei Chiron

Webseiten

astro.com

astrologyzone.com

jessicaadams.com

shelleyvonstrunkel.com

Apps

Astrostyle

Co-Star

Susan Miller's Astrology Zone

The Daily Horoscope

The Pattern

Time Passages

Danksagung

Mein besonderer Dank geht an mein treues
Stier-Team. Zuerst an Kate Pollard, Publishing
Director bei Hardie Grant: für ihre Leidenschaft für
schöne Bücher und für die Beauftragung dieser
Reihe. An Bex Fitzsimons für ihr gutlauniges,
gründliches Redigieren. Und schließlich an
Evi O. Studio, deren Illustrationen und Design
kleine Kunstwerke entstehen ließen. Mit einer solchen „Sternenbesetzung" können diese Bücher
nur glänzen – dafür sage ich Danke!

Über die Autorin

Stella Andromeda arbeitet seit über
30 Jahren als Astrologin. Sie ist davon
überzeugt, dass die Kenntnis der Himmelskonstellationen und deren Potenzials
psychologischen Interpretationen ein
wertvolles Instrument bieten kann. Die Ver-
mittlung ihres Wissens in dieser Buchform
macht moderne Erkenntnisse über uralte
astrologische Weisheiten leicht zugänglich
und begeistert für Stella Andromedas
Haltung, dass Reflexion und Selbsterkenntnis uns im Leben nur stärker machen. Mit
ihrem Sonnenzeichen Stier, dem Aszendenten im Wassermann und einem Mond im
Krebs lässt sie sich auf ihrer astrologischen
Reise von Erde, Luft und Wasser inspirieren.

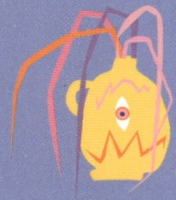

Text © Stella Andromeda
Illustrationen © Evi O. Studio

Für die deutsche Ausgabe:
Satz und Redaktion: bookwise GmbH
Übersetzung: Martina Walter und Wolfgang Bick
Gesamtherstellung: Leo Paper Products Ltd.

Jungfrau
ISBN 978-3-8485-0087-1
Ursprünglich veröffentlicht unter dem Titel: Virgo
© Hardie Grant Books, an imprint of Hardie Grant Publishing, 2019
© für die deutsche Ausgabe: GROH Verlag GmbH, 2021
www.groh.de

MIX
Paper from
responsible sources
FSC™ C020056

1 2 3 4 5